MÉTHODE MÉCHANIQUE

D'ÉDUCATION NATIONALE DOMESTIQUE.

[» Où leur trouver un séjour plus agréable que
la patrie ? Où former leurs mœurs plus sûrement
que sous les yeux de leurs parens ? Où les entretenir
à moindres frais que chez vous ?

Lettres de Pline. La 13.ᵉ, L. IV.]

MÉTHODE

MÉCHANIQUE

D'ÉDUCATION NATIONALE,

ou

A la portée de chaque citoyen et citoyenne de tout âge, et en tout lieu, et des mères pour leurs enfans.

Par *Joseph - Alexandre - Victor* DHUPAY.

» Je profiterai le premier de mon projèt, en m'associant aux jeux de mes enfans, et je ménagerai ainsi ce qu'auroit de rude l'instruction pour ma vieille ignorance. Si l'instruction est nécessaire à tous, il est du caractère d'une éducation nationale de pouvoir s'adresser à tous les âges : la distinction jadis marquée pour un seul, n'étoit faite que par des pédans à la fois flatteurs et tyranniques ».

Mon Adresse à la Convention nationale, intitulée : Modèle d'éducation privée et publique, pag. 15.

AIX,

Département des Bouches - du - Rhône,

An XI.

» Cette éducation sensible, générale et concise,
est peut-être plus convenable à la vivacité du
jeune âge des deux sexes, et à sa légéreté,
aux divers événemens qui peuvent retarder
ou interrompre l'éducation, que la dure in-
flexibilité d'une institution qui taille les sujets
à sa mesure, et ne sait pas se proportionner
à toute sorte d'âge des élèves ».

Mon Règlement d'éducation
nationale en 1789, pag. 5.

MIRABEAU

AUX BELLES AMES,

ET SA PROPRE PROPHÉTIE

Tirée de son *Hist. de la Monarch. Pruss.*

OH Socrate ! toi qui voulus enseigner aux hommes la raison et la vertu malgré le gouvernement d'Athènes et ses défenses, tu fus un mauvais citoyen peut-être ! mais où est le vil mortel qui osât prononcer ta condamnation ? où est l'homme digne d'estime qui ne se croiroit pas honoré d'essayer ce que tu tentas, de vivre et de mourir à ta place ?.... Celui qui laisse l'ordre social comme il est, n'est peut-être pas coupable ; il ne l'est pas, s'il a son excuse dans la foiblesse de ses talens, ou dans la sincérité de sa modestie ; mais celui qui travaille à améliorer son siècle, et sur-tout sa nation, celui-là seul mérite le nom d'un homme vertueux.

Quelquefois, sans doute, pour le succès même de ces pieux desseins, il devra préférer de s'exposer à l'honneur de boire la ciguë, à la prudence obscure de mettre, par une marche lente et secrète, ses projets à l'abri des violences du gouvernement. Mais quel que soit celle qu'il adopte, l'exemple qu'il donne est louable, son dessein est sublime, et les vœux de tous les hommes sensibles doivent être pour lui.

(*Chap. des Francs-Maçons.*)

PROBLÊME.

» *L'ON doit porter la science de l'éducation
et de l'instruction au point, que même des esprits
médiocres soient capables de la bien pratiquer* ».

MIRABEAU.

» *Il faut parler tant qu'on peut par les actions
et ne dire que ce qu'on ne sauroit faire.*

» *Souvenez-vous qu'en toute chose, vos leçons
doivent être plus en actions qu'en discours ; car
les enfans oublient aisément ce qu'ils ont dit ou
ce qu'on leur a dit, mais non pas ce qu'ils ont
fait et ce qu'on leur a fait.*

» *Les choses, les choses ! Je ne répéterai
jamais assez que nous donnons trop de pouvoir
aux mots : avec notre éducation babillarde nous
ne faisons que des babillards.*

» *Contentez-vous donc de présenter à propos
les objets à l'élève.*

» *Comme tout ce qui entre dans l'entendement
humain y vient par les sens, la première raison
de l'homme est une raison sensitive ; c'est elle
qui sert de base à la raison intellectuelle : nos
premiers maîtres de philosophie sont nos pieds,
nos mains, nos yeux. Substituer des livres à tout
cela, ce n'est pas nous apprendre à raisonner,
c'est nous apprendre à nous servir de la raison
d'autrui ; c'est nous apprendre à beaucoup croire
et à ne jamais rien savoir.*

» *Ne montrez jamais rien à l'enfant qu'il ne
puisse voir ; tandis que l'humanité lui est presque*

étrangère, ne pouvant l'élever à l'état d'homme, rabaissez pour lui l'homme à l'état d'enfant. En songeant à ce qui peut lui être utile dans un autre âge, ne lui parlez que de ce dont il voit dès à présent l'utilité.

» Je hais les livres, ils n'apprennent qu'à parler de ce qu'on ne sait pas. On dit qu'Hermès grava sur des colonnes les élémens des sciences pour mettre ses découvertes à l'abri d'un déluge. S'il les eût bien imprimées dans la tête des hommes, elles s'y seroient conservées par tradition. Des cerveaux bien préparés sont les monumens où se gravent le plus sûrement les connoissances humaines.

» N'y auroit-il point moyen de rapprocher tant de leçons éparses dans tant de livres ? De les réunir sous un objet commun qui pût être facile à voir, intéressant à suivre, et qui pût servir de stimulant même à cet âge ? Si l'on peut inventer une situation où tous les besoins de l'homme se montrent d'une manière sensible à l'esprit d'un enfant, et où les moyens de pourvoir à ces mêmes besoins se développent successivement avec la même facilité, c'est par la peinture vive et naïve de cet état qu'il faut donner le premier exercice à son imagination.

» Sur quelle abondance d'objets intéressans ne peut-on point tourner ainsi la curiosité d'un élève, sans jamais quitter les rapports réels et matériels qui sont à sa portée, ni souffrir qu'il s'élève dans son esprit une seule idée qu'il ne puisse pas concevoir.

» Il voudra savoir tout ce qui est utile et ne voudra savoir que cela ; vous n'aurez plus besoin de le guider, vous n'aurez qu'à le retenir.

» Il y a un choix dans les choses qu'on doit

enseigner, ainsi que dans le temps propre à les apprendre.

» Notre entendement ne s'étend qu'avec l'espace qu'il mesure. Transformons nos sensations en idées ; mais ne sautons pas tout d'un coup des objets sensibles aux objets intellectuels. C'est par les premiers que nous devons arriver aux autres.

» Dans les premières opérations de l'esprit que les sens soient toujours ses guides. Point d'autre livre que le monde, point d'autre instruction que les faits. L'enfant qui lit ne pense pas, il ne fait que lire : il ne s'instruit pas, il apprend des mots.

» L'âge paisible d'intelligence est si court, il passe si rapidement, il a tant d'autres usages nécessaires, que c'est une folie de vouloir qu'il suffise à rendre un enfant savant. Il ne s'agit point de lui enseigner les sciences, mais de lui donner du goût pour les aimer, et des méthodes pour les apprendre, quand ce goût sera mieux développé. C'est-là très-certainement un principe fondamental de toute bonne éducation.

» Maître ! peu de discours. Donnez toutes vos leçons en exemples et soyez sûr de leur effet.

ÉMILE.

MÉTHODE
MÉCANIQUE
D'ÉDUCATION NATIONALE.

> » Parlez toujours aux femmes par préfé-
> rence dans vos traités d'éducation ; car,
> outre qu'elles sont à portée d'y veiller
> de plus près que les hommes, et qu'elles
> y influent toujours davantage, le succès
> les intéresse aussi beaucoup plus (*) ».
>
> ÉMILE, *Not.* 1.ere

T ENDRES MÈRES,

L'enfant nouveau né, dit Rousseau, a besoin
d'étendre et de mouvoir ses membres, pour les
tirer de l'engourdissement où, rassemblés en
un peloton, ils ont resté si long-temps. On prétend
que les enfans en liberté pourroient prendre de
mauvaises situations et se donner des mouvemens
capables de nuire à la bonne conformation de
leurs membres. C'est - là un de ces vains rai-

(*) Miss Cleveland dans la caverne de Rhunuy-
Holle, occupée uniquement de la lecture et de l'éducation
de son fils, disoit : *je trouve ici tout ce que j'aime, la
présence de mon fils et des livres.*

Le plein exercice de cette fonction, dans une pareille
situation libre, mériteroit à la maternité le beau titre que
Chateaubrillant lui donne d'être *le sacerdoce de la nature.*

A 4

sonnemens de notre fausse sagesse, et que jamais aucune expérience n'a confirmés. Toute notre sagesse consiste en préjugés serviles ; tous nos usages ne sont qu'asservissement, gêne et contrainte (*).

(*) Voyez l'affranchissement de cet esclavage universel dans les quatre institutions de mon *Alcoran Républicain*, touchant l'administration civile, l'éducation, le mariage et la religion, dont voici l'épigraphe : *Des institutions véritables doivent faire trouver autour de soi, à chaque citoyen, tout ce qui est nécessaire à l'exercice de ses droits.* Voyez encore mon Règlement et Maison de la Journée Heureuse et mon prospectus d'un Catéchisme et Bréviaire pour tous les cultes. L'on seroit charmé de voir l'esprit de ces institutions philosophiques dans celle e la société des Thélémites, dans Rabelais qui n'en osoit de son temps tracer qu'en riant le tableau, de même que celui de la bêtise qui régnoit alors en souveraine ; mais aujourd'hui que la philosophie a le sceptre du monde, rien ne lui seroit plus facile que d'établir sa propre pratique par mes moyens politiques, comme je propose d'instituer celle de la science de l'éducation par ceux de ma Méthode mécanique. Le grand Conseil législatif Cisalpin le sentit bien dans sa séance du 26 prairial an VI, au moment où il délibéroit précisément d'adopter les lois de France sur le mariage, et qu'il reçut avec mon Alcoran l'offre que je lui en faisois pour être la base de son code civil : ce qui lui fit surnomer mon ouvrage *la philosophie universelle*, et nommer une commission de cinq membres pour lui en faire le rapport. Pénétré pour mon ouvrage du même esprit qui animoit pour lui dans cet instant ce corps, j'avois écrit en l'an IV au maître des destinées de l'Italie, comme il l'est aujourd'hui de la meilleure partie de l'Europe : *Tu sais user de toutes les armes propres à faire triompher la belle cause qui t'est confiée ; adopte donc mon Alcoran qui doit être le favori du génie républicain, puisqu'il est vrai que la liberté est l'élément des vertus dans les institutions fondamentales de la société.*

Nota. Si ce héros eût mis en Egypte cet ouvrage en pratique, d'après le conseil que je lui avois donné,

Si l'on prépare l'homme à cet esclavage par les langes dont on l'enveloppe dans l'entrave du

le Coran de Mahomet seroit anéanti, et l'Asie et l'Afrique ne seroient déjà plus barbares. Il les auroit conquises par le même moyen que Cortez conquit le Mexique à l'aide des femmes : *Omnia vincit amor.*

Au reste, la présente Méthode mécanique d'éducation favorise déjà, sans le soin de l'intervention des lois, l'affranchissement de la plus belle moitié du genre humain, que la révolution avoit laissée esclave de l'autre, en l'en rendant indépendante pour cette partie principale des fonctions sociales. Cette fonction est l'unique prétexte, selon l'auteur de l'Esprit des lois, de l'asservissement du beau sexe dans l'institution du mariage, qui fait également le malheur du nôtre, parce qu'il est autant contraire aux droits naturels et respectifs de l'un que de l'autre : c'est cet inconvénient qui fait le sujet perpétuel des consultations infinies de Pentagruel, le héros de cet ingénieux roman, grande critique, sur-tout, de la plus absurde et tyrannique de nos sottes institutions.

Je voudrois qu'enfin le monde ne fût plus sauvage ni barbare comme il est ; qu'il cessât de l'être, et devînt même ami ; comme dit Sterne le Rabelais anglais, de la ville d'Abdère pour avoir entendu ce vers sur son théâtre : *ô cupidon, cupidon ! roi des dieux et des hommes.* Je voudrois qu'il fût civilisé généralement encore par ma Méthode mécanique d'éducation ou de la pratique des arts, la plus à portée d'un chacun, et qui lieroit tous les individus, ainsi que l'amour, laissé libre comme il veut être, lieroit tous ceux de l'un et de l'autre sexe, et par rapport à chacun d'eux, tous ceux d'un autre qui lui appartiendroient. En un mot, je voudrois former des hommes du genre humain et des frères des hommes, pour les rendre libres ou dignes de leur divine origine.

Ces deux institutions ne font de tous les hommes qu'une même famille réellement unie par une génération commune, par l'égalité du travail qu'une plus grande population impose, et par la vertu que celui-ci, dirigé par une meilleure éducation, nécessite en sapant dans ses fondemens le luxe son fléau, ainsi que de la sociabilité.

berceau , renoncez , bonnes mères , à ces instrumens d'une première tyrannie , en laissant
vos enfans libres , quoique vêtus , dans un asile
sûr et commode , que je nommerai *qu'on l' laisse
en repos* , à l'exemple de celui de l'ingénieuse et
touchante fiction de l'*Élève de la nature*.

J'espère de vous donner bientôt des modèles
de ce premier domicile d'un être fait pour la
liberté et la vie , que mon cœur m'a fait imaginer,
lorsque le gouvernement m'aura ordonné la cons-
truction de tous les instrumens propres à l'édu-

Voilà la vraie pierre philosophale trouvée , puisque
c'est le moyen de se passer des richesses et de se
contenter de la nature et de la vertu , trésors qui sur-
passent ceux des rois.

Français , vous êtes libres : Françaises vous l'êtes
aussi , en commençant à jouir de votre droit le plus
précieux , d'être adorées de tous les hommes , d'être
souveraines de vos enfans , de n'être jamais arrachées
du sein de vos familles chéries par le cruel et tyrannique lien conjugal : cette désespérante et dure chaîne !
ce tombeau de la liberté de la race humaine ! ce
vampire destructeur actuel , sur-tout en France , des trois
quarts du beau sexe et de la moitié du nôtre , par sa foi
superstitieuse.

Avec cette constitution de la nature , que nos petites
lois ne se sont jamais avisées de prohiber malgré la
ridiculité de leurs inventions , j'abandonne au temps
l'établissement des autres institutions fraternelles de
mon Alcoran , persuadé qu'il se fera naturellement dans
une société vertueuse d'amans et de frères. Que le
gouvernement concoure au seul établissement de la vertu
par ma Méthode mécanique d'éducation , je ne lui en
demande pas davantage , et l'humanité l'attend de ses principes philosophiques actuels, lesquels pourroient changer,
puisque Comode succéda à Marc-Aurelle. Formons donc
pour le peuple français , des ressorts de génie et de
vertu aussi durables que Confucius en forma de sagesse
pour la nation chinoise. Les tyrans pourront nous menacer,
mais nous serons libres.

cation que j'ai rassemblés dans cette *Méthode mécanique*, qui vous épargnera tant de sollicitudes pénibles, et au gouvernement tant de frais pour une instruction publique imparfaite, défectueuse, et bornée à une infiniment petite portion des citoyens qui y auroient cependant tous également droit.

Vos enfans se fortifieront merveilleusement dans cet heureux repaire où ils seront maîtres de développer à tout instant leurs forces, ou de les laisser reposer. Vous serez libres aussi de les faire exercer ailleurs et de les transporter par-tout commodément, pour eux et pour vous, dans des barcelonettes. Ces soins et les autres qui accompagnent les détails de mon invention mécanique sur ce point, ne seront que des amusemens pour vous, et non une pénible et servile contrainte de tous les instans, selon l'usage actuel.

Vos enfans, libres et heureux dans cette première époque de leur âge, seront, dans la suite de leur vie, meilleurs. Notre naturel participe en ceci à celui de l'éléphant, qui veut être bien traité et raisonné même pour être civilisé. Ainsi on ne peut rendre le genre humain meilleur qu'en le rendant plus heureux : toutes mes institutions tendent à ce but.

C'est pourquoi, tendres mères, je ne vous donnerai qu'un précepte moral à observer envers vos enfans avec ma Méthode mécanique, qui supplée à tous les autres soins de l'éducation : c'est de ne leur parler jamais qu'avec l'attrait du sentiment et de la raison, si vous voulez qu'ils leur obéissent toujours. J'en ai vu des effets admirables par le traitement seul des gouvernantes de nourrissons : la première influence de la douceur ne se perd jamais dans l'homme ; elle est telle , que le son de voix de deux de mes enfans ne ressemble à celui d'aucune que j'ai ouie.

Je vais vous communiquer aussi un moyen mécanique dont j'ai usé envers ma famille pour lui conserver l'instinct naturel de l'appétit , si important à la sobriété et à la santé , puisque ce n'est point envain qu'Horace dit , que la frugalité n'est pas une petite vertu étant accompagnée de toutes les autres et des biens du corps : j'avois imaginé et j'ai fait usage sur ma table d'un surtout rond pivotant , afin que chacun , jusqu'au plus petit de mes enfans , pût se servir lui-même à sa fantaisie dès qu'il pouvoit le faire : liberté qui les a tous rendus parfaitement sobres , tant celle-ci est l'élément des vertus.

J'ajouterai à ce premier article de ma Méthode mécanique , une pratique excellente , essentielle pour la conservation de vos enfans touchant l'inoculation de la vaccine ou de la petite vérole , mais mieux pour la première , quand on peut , afin d'extirper plutôt les germes de la seconde ; c'est de ne point faire faire cette opération aux gens de l'art , qui la rendent dangereuse en la faisant cruellement avec leur lancette , la plupart dans la seule vue d'ôter l'envie aux parens de la faire eux - mêmes , comme ils pourroient très-aisément et plus salutairement et infailliblement avec la pointe d'une épingle. C'est ainsi que mes cinq enfans se sont inoculés à eux-mêmes et à d'autres la vaccine très-heureusement , & sans la barbarie des opérateurs de profession qui fait vraiment frémir.

Article II.

Effets de l'harmonie, du chant, des vers, et d'un langage poli pour préparer des bonnes mœurs.

Préparez les mœurs de vos petits camarades, dès qu'ils seront capables d'entendre, par la douceur de l'harmonie, comme on fit de celles de Montaigne et de Rousseau, les premiers de nos philosophes-pratiques. Cet art céleste a tant d'influence sur l'homme, même sur celui qui s'est éloigné de la nature, et jusques sur les animaux, par ses impressions sur les nerfs, organes des mouvemens du cœur, à cause de l'ordre de ses vibrations qu'elle fait passer en lui dans un seul instant, et mieux encore par une longue habitude. La fable lui donna de l'empire jusques sur les rochers et sur les bois.

A défaut du talent du chant qui vous a été donné en partie dans cette vue, bonnes mères, vous y suppléerez à l'égard de vos enfans, comme envers des sérins que l'on élève par un orgue à cilindre, mais sans intervalle dans chaque air, pour en rendre la reprise plus agréable ; vous ferez même jouer cette mécanique, quand vous le voudrez, par un ressort ou un contre-poids qui vous épargnera la peine de la faire aller, et ainsi vous économiserez les soins divers de votre grande tâche. Le genre de l'institution ne consiste pas moins à ce que l'élève s'y plaise, que l'instituteur ne s'en dégoûte pas.

Ces orgues auront des cilindres, pour être, dans peu de temps, les maîtres de musique-pratique de vos enfans ; car une note, comme dit Rousseau, se rend plus naturellement à l'oreille qu'à l'œil, et c'est par là, selon lui, que la véritable méthode de la musique doit commencer : témoin ce grand maître en cet art du cœur, devenu tel par les petites chansons de sa tante. Un jour vos enfans apprendront à lire d'autant plus facilement les caractères de cette langue, qu'ils la posséderont comme naturellement.

C'est ici où je dois vous recommander de leur parler toujours françois, comme étant l'idiome le plus doux que vous puissiez apprendre pour leur inspirer la politesse du cœur que favorise celle du langage. L'accent brusque des divers patois devient trop aisément brutal. Quant au tutoiement, il est le langage du cœur et ainsi de toutes les langues. Vous pouvez et devez même l'employer entre vous et vos enfans. Il sera un jour commun à tous les Français qui seront des amis, si cette méthode uniforme d'éducation leur devient commune.

Je souhaiterois qu'à la fin de cette seconde époque de leur âge, *vous leur inspiriez*, comme j'ai dit que l'on fit à Jean-Jacques par les charmes des chansons, les premières sensations morales. Vous pourriez vous aider vous-même, pour répéter exactement leurs airs, du secours de nos orgues à cilindre. Cet agréable exercice vous fera renaître, avec ces innocentes créatures, à la vraie vie, au sentiment de la nature par l'émulation de leurs doux accens : il jettera en eux les germes de poëtes aussi sublimes que le sage Thales, de musiciens aussi enchanteurs que Tirthée et Haiden.

ART. III.

Des jeux primitifs.

Dès que vos enfans, tendres mères, se sauront servir de leurs mains et de leurs pieds, au lieu de les ennuyer et de les hébêter par des jouets au-dessus de leur intelligence, qui ne sont propres qu'à leur donner des idées fantastiques, bornez-vous à favoriser simplement tous leurs mouvemens les plus naturels.

Le premier usage de l'activité, dans cet âge, étant en apparence indéterminé, son naïf emploi est d'autant *plus conséquent*, que n'ayant ordinairement que les personnes pour objet, les enfans sont exposés à contracter les germes des vices les plus insociables avec elles, suivant le caractère de ces personnes.

C'est donc encore ici où la maxime du temps de la nourrice est applicable, *qu'on l' laisse en repos*. Elle est aussi d'usage durant tout l'âge de l'instruction, si l'on veut qu'elle profite ; car puisque j'établis, dans cette Méthode, l'éducation par les choses et par l'élève lui-même, il faut que celle des personnes ne la contrarie pas.

Mais avec ce repos de la nature que je demande à l'époque actuelle, il faut aux enfans tous les objets qui y sont convenables, suivant Rousseau, pour développer leurs sens, et leur faire éprouver les qualités des corps environnans. Ce petit atelier que je me propose de leur arranger selon ces principes, ne sera pas le moindre de tous ceux des différentes époques de leur éducation.

Par là vous ne ressemblerez pas, bonnes mères, à celles qui voudroient que leurs enfans fussent aussi machines que celles qu'ils leur présentent déjà à cet âge, et aussi automates qu'elles, ou aussi pantins que les poupées qu'ils leur donnent pour premiers modèles ; voulant en outre les faire ressembler à des polichinels ou à des perroquets, en mettant dans leur bouche une infinité de mots dont ils n'ont pas d'idée à cet âge ; car l'homme ne passe à la raison intellectuelle que de la raison sensitive, la première de l'ame dans ce bas monde.

A r t. I V.

Des ménages d'enfants.

Le plan de ma Méthode, pour valoir quelque chose, doit être conforme à l'instinct des enfans pour l'imitation des arts progressivement au développement de l'esprit humain. Ainsi, l'instituteur d'Emile veut que la tête tourne à son élève du roman de Robinson ; que ce livre soit à la fois son instruction et son amusement ; qu'il s'occupe sans cesse de son château, de ses chèvres, de ses plantations ; qu'il apprenne en détail, non dans les livres, tout ce qu'il faut savoir en pareil cas. Pour moi, sans exalter autant son imagination, inutilement d'ailleurs pour cet âge, je veux l'occuper autant en lui laissant tracer son modèle par la nature même dans le ménage de sa propre maison, et progressivement dans le spectacle des arts de la société, ou de celui de la nature. Tel fut le plan et la méthode d'instruction par jeux que ma première et native imagination me suggéra dès mes premières études, qui me faisoient sentir le besoin absolu des jeux.

C'est ainsi qu'à Auxbourg les mères, guidées

par

par la nature , consacrent la moitié de leurs salles aux petits ménages de leurs enfans, qui offrent une esquisse , ou plutôt un tableau honorable des leurs. De même à Berne le conseil intérieur de la jeunesse retrace toutes les fonctions de la République , et l'éducation militaire des Perses ne formoit pas autrement ses vaillans guerriers.

Combien il vous sera doux de devoir souvent au développement des talens économiques de vos enfans, des secours réels qui , en faisant vos délices aujourd'hui, assureront pour l'avenir votre bien être et le leur. C'est pour cela que j'entends que les deux sexes participent également à tous les exercices de cette éducation utile et éclairée , afin de mettre *plus de rapport entr'eux dans la suite , et qu'ils soient alors plus en état de se prêter du secours , ou d'apprécier leurs soins différens pour augmenter leur estime et leur amour mutuel, au lieu qu'aujourd'hui ils ne savent que se mépriser et se haïr même , à cause de leurs qualités contraires.

A R T.   V.

Ménages champêtres.

Des jeux de l'économie domestique , les premiers dont les modèles seront offerts aux yeux de vos enfans , ils passeront à ceux de l'économie champêtre, dont vous leur établirez un vaste atelier dans une petite grange au coin de vos jardins , dont vous leur céderez une partie, comme le bon Laëte à son fils Ulisse. Mais ils ne vaqueront à cette importante exploitation qu'en y étant bien initiés par des préludes de croquis de tous les instrumens de cet art et de ses opérations, dont des plans en relief et mobiles leur feront sentir d'abord les usages d'une manière légère, proportionnée à leur inexpérience.

Voilà des amusemens ineffables pour eux, soit dans le principe, soit dans la suite de ces exercices, tant pour les journées entières que pour leurs longues veillées. Je vois vos tables couvertes de fermes les mieux cultivées et plantées, ainsi que de maisons de campagne délicieuses. Avec quel goût n'arrangeront-ils pas bientôt leurs petits jardins à l'instar de ses modèles et n'y créeront-ils pas des *fermes expérimentales*; c'est ainsi qu'en faisant étant enfans ce qu'ils doivent faire étant hommes, ils apprendront à le devenir. Tel fut le dessein de *la bonne Charlote* pour les princes ses fils, en les guidant elle-même dans des défrichemens de la forêt de Windsor, et les conduisant jusqu'à la façon du pain, vraiment digne des rois, qu'elle leur fit apprêter.

A r t. V I.

Jeux des métiers.

C'est ici vraiment une grande récréation pour vos enfans que l'exercice des divers métiers, même les plus simples, comme les plus utiles, pour en avoir seulement une idée sensible et générale de leurs usages. Cet atelier, le spectacle touchant de la vie humaine, sera, par ses conséquences pour vos enfans, le plus ravissant et le plus gai de tous pour vous. Il sera celui d'Emile enfant profondément occupé des plus frivoles amusemens, aux yeux du sage, et à la fois celui d'Emile jeune homme, à ceux enthousiasmés de Sophie et de sa mère.

Avant l'âge où la raison puisse être entièrement développée par de pareils exercices sensibles, *les enfans ne vous demandent pas*, comme dit Rousseau, *ce qu'ils peuvent apprendre, mais ce qu'ils peuvent faire* : indication certaine que l'étude auquel on les emploie à cette époque de leur âge ne leur convient pas du tout : d'ailleurs si la mécanique des arts est leur expression sensible, c'est donc une raison de les y appliquer uniquement. Oh! quels hommes de sens et qu'elles têtes judicieuses allez-vous former par cette Méthode naturelle et universelle de tous les élémens de l'homme et du citoyen! C'est ainsi que se forma, même dans un âge mûr, le génie du nord; c'est ainsi qu'il créa un empire! Quelle différence, pourrai-je dire ici avec mon maître aux instituteurs de parole, de vos élèves aux miens! ils savent des choses et eux en font; mais quant à ceux auxquels vous n'enseignez que la science des mots! oh quelle énorme différence! Les miens savent la logique de la nature et de plus celle des inventions humaines les plus utiles, c'est-là la meilleure.

A R T. V I I.

Chambres obscures et gravures à jour, maîtres de peinture et de dessein.

La première partie du cours de ma Méthode étant fini à sept ans, élevez le goût de vos enfans à la pratique des arts qui demandent une intelligence affinée par la connoissance réelle des objets. Aussi bien le premier talent que vous éveillerez en eux sera celui de les représenter.

Il falloit qu'ils les connussent bien avant de les peindre :

Dessine en ton cerveau, c'est la première toile.

Pour mettre justement en pratique ce grand précepte de l'art de la peinture, qu'ils se familiarisent donc, avant de s'essayer à sa magie, avec ses merveilleux effets, dans une *chambre obscure*. Qu'ils y contemplent long-temps les desseins tracés par la nature elle-même ; qu'ils s'impressionnent des beautés de l'optique assez pour que chacun puisse dire : et moi aussi je suis peintre. S'ils n'étoient que des froids copistes des copies toujours imparfaites des divins tableaux de la nature, ils ne l'aimeroient pas , ils ne sauroient jamais la peindre.

Qu'ils apprennent cependant à la rendre par les procédés de l'art , en s'en traçant à eux-mêmes des modèles, au moyen de gravures à jour des principes du dessein , qu'ils imprimeront d'abord sur du papier en teinte très-foible , pour la retracer ensuite avec le crayon d'après un modèle fini , pour ne pas tâtonner et avancer avec plus de goût et de célérité dans la longue carrière de l'instruction.

Voilà vos enfans émules et amans de la nature , et leurs propres maîtres dans l'art qui en multiplie les apparences.

ART. VIII.

Planimétrie , géographie , géométrie et cosmographie.

En livrant à vos enfans une planchette garnie

d'une boussole, et une chaîne avec un rapporteur, dont vous leur expliquerez en deux mots leur usage, d'après un petit imprimé, accompagnant chaque caisse de leurs jeux que vous leur lirez, ils auront la satisfaction de faire plus que de perspectives des lieux, ils en rapporteront exactement les plans et toutes leurs figures. Regrettant un jour de ne pas avoir le premier de ses talens, je félicitois mon fils aîné de l'avoir ; il me répondit avec sa modestie ordinaire : je n'ai pas celui que tu as de faire des plans, qu'il ambitionnoit vraisem-blablement.

Quel plus grand stimulant pour vouloir pénétrer un jour tous les rapports des figures géométriques et de désirer même de connoître l'art de les mesurer.

Comparés au système de cette méthode de la pratique des arts et des sciences, qui peut seul conduire raisonnablement à leur théorie, celle des maîtres de mathématiques qui disent : parce que la planimétrie fait usage de quelques termes de géométrie et peut avoir besoin de l'arithmétique pour mesurer ses surfaces, il faut commencer notre cours par l'arithmétique et l'algèbre, la géométrie, la trigonométrie et les sections coniques, pour mettre nos élèves en état de lever un plan.

Mais pour leur donner quelqu'attrait pour toutes ces sciences, ne falloit-il pas commencer par cette simple pratique, qui est sur-tout indé-pendante d'elles, et sans l'intérêt de laquelle ils ne peuvent jamais bien les goûter ? En effet, les arts ayant deux parties, la spéculation et la pra-tique, dit le Batteux dans son cours des belles lettres, que ne donne-t-on d'abord aux élèves celle qui a le plus d'objets sensibles, qui donne le plus de jeu et de mouvement à l'esprit ; en un mot, celle qui promet le moins de peine et donne le plus de succès ; car c'est le succès qui nourrit le goût, *et le succès et le goût font naître le talent.* Voilà de quelle manière s'exprime ce professeur dans un cours, où l'usage, encore plus despotique que celui des maîtres de mathématique, l'engageoit à suivre la route de ses pareils ; mais j'ai gardé fidellement son précepte dans ce cours de véritables humanités, et j'y enseigne conformément jusques à l'éloquence sans qu'on s'en doute, c'est-à-dire, par l'imitation de sa pratique.

C'est à présent que les jeux de dessein de vos enfans leur seront bien profitables en leur donnant le moyen *de dessiner et de laver avec goût leurs plans.* Combien les opérations de la trigonométrie avec le graphomètre n'aideront pas à tous leurs intéressans ouvrages en ce genre.

Par tous les instrumens de géométrie qu'ils emploîront, ils devineront les vrais principes de cette science que *les maîtres rendent sèche et ennuyeuse en n'en faisant qu'une science de lignes et de mots* ; mais vos enfans, par leurs jeux, en prendront autant de goût que les maîtres en donnent du rebut à leurs élèves, au point que ceux-ci ne peuvent parvenir après les plus longues études à la pratique des usages les plus vulgaires de cette science, comme le toisé, l'arpentage, le nivellement et le jaugeage, choses que vos enfans posséderont par un vrai goût, comme tant de citoyens qui ignorent la géométrie en font leur métier par nécessité.

Après leurs premiers exercices si agréables de cette science, ils s'attacheront avec autant de plaisir à en connoître les principes par une méthode toujours amusante et pratique : ce sera par la superposition, des figures relatives en carton ou en bois, numérotées et en même couleurs selon leurs problêmes particuliers. C'est par cette pratique et l'usage du compas, que Pascal devint un génie dans cette science et par des moyens moins favorables.

De ces simples et sensibles élémens vos enfans passeront à la connoissance du plus grand et bel ouvrage de la géométrie, la description du globe terrestre, et celle de la voûte des cieux. C'est par des pièces de rapport du globe, en carton et remplies en mastic, qu'ils s'en inculqueront toutes les divisions par le tact le plus frappant des sens. C'est aussi par les divers mouvemens de notre globe autour du soleil et des autres planètes, qu'ils apprendront et sentiront leur merveilleux concert. Une pièce de mécanique leur fera contempler ce spectacle.

Ils connoîtront sensiblement encore la topographie des cieux et de la terre par des cartes gravées à jour qu'ils imprimeront eux-mêmes.

Tous les instrumens et toutes les machines de ma méthode, pour être à un prix à la portée de tout le monde, et même à très-bon marché, seront construits par des moules ou par des presses tranchantes, qu'il n'appartient qu'au gouvernement de faire faire ; mais dont il sera bien recompensé par l'éducation générale des citoyens.

A R T. I X.

Arithmétique calculatoire.

De même que vous aurez soumis aux yeux de vos enfans les effets et les principes de la

B 4

géométrie , vous leur ferez sentir aussi les combinaisons de l'arithmétique par l'inspection réelle des nombres et par leur palpation. Vous les leur ferez d'abord bien voir par des impressions de gravures à jour de tableaux de numération qui leur apprendront à les répéter avec des jetons selon la méthode calculatoire.

Ainsi ils saisiront , par les sens, les règles du calcul dans leur simplicité , ce que l'on ne fait que très-difficilement en employant d'abord les signes abstraits des chiffres. La méthode calculatoire est sans doute la plus naturelle , puisqu'elle fut la première en usage parmi les hommes , d'après l'étymologie de son nom ; et ainsi elle doit être élémentaire et la plus frappante , puisqu'on l'emploie dans l'éducation des sourds et aveugles.

A r t. X.

Lecture et écriture.

Vos enfans s'apprendront seulement actuellement à lire au moyen des figures de l'ingénieuse méthode de Berthaud, qui, par l'effet de figures et d'échos , apprend à lire en peu de temps et à bien prononcer le français par son seul mécanisme.

Pour rendre plus sensible encore et plus aisée et plus briève cette méthode , la mettre entièrement à la portée d'un élève , j'ai appliqué à son exécution l'impression des gravures à jour de ses figures par les élèves même, ce qui dispense de les guider servilement.

A cet avantage j'ai ajouté celui que les élèves s'apprissent en même-temps à écrire , en faisant graver à jour au bas de chaque figure , et en parallèle du caractère d'imprimerie, le correspondant en lettre de main. Ayant imprimé celui-ci d'une teinte plus foible, ils le retraceront avec la plume.

Art. XI.

Arithmétique, Algèbre et Musique.

Une fois que vos enfans sauront lire et écrire, ils s'apprendront, par le même moyen des gravures à jour, à former les chiffres de l'arithmétique et les signes de l'algèbre, aussi bien que leurs règles, dans des tableaux en parallèle avec ceux de leur arithmétique calculatoire. Je n'use point leur tendre et nouveau talent d'écrire dans cette nouvelle opération pour ne pas la rendre pénible et désagréable. Je ne veux ici, et par-tout, que donner un amusement à leurs mains, un spectacle nouveau à leurs yeux, et leur faire entendre la langue sourde de l'abstraction par mes tableaux parallèles.

Par le même moyen ils se mettront au fait des notes des anciennes leçons de musique de leur serinette, qu'ils sauront par cœur. Ils n'auront qu'à les lire dans les impressions qu'ils feront de leurs gravures à jour, en en faisant la répétition avec leur instrument organisé. Je veux qu'ils les retracent encore avec une encre plus noire, pour mieux sentir la localité de leurs graduations et les mieux savoir avant de les essayer.

Sachant déjà lire, ils auront un très-petit livre pour leur donner l'explication de cette nouvelle sorte d'écriture, ainsi que de l'étymologie des noms grecs de ces divers signes particuliers, dont l'expérience qu'ils auront de leur usage par leurs premières leçons pratiques, leur fera sentir le sens à merveille. Ainsi la science s'explique d'elle-même par une méthode bien développée : l'entendement, au lieu de se fatiguer, s'agrandit par les succès en même-temps que le goût se forme ; alors le génie s'élève par la vivacité des conceptions.

A R T.   X I I.

École universelle mécanique de belles lettres, de morale et de religion.

Par le système ingénieux de lecture de Berthaud, vos enfans auront appris parfaitement la prosodie de la langue sans s'en douter, avantage particulier à cette méthode, et qui fut si bien apprécié il y a cinquante ans par le jugement de l'Académie française, quoique le gouvernement d'alors ne sçût pas faire une loi de cette admirable méthode pour l'honneur et la gloire de la nation. Il ne reste plus à vos enfans, quant à leurs cours pratique de belles-lettres, que de se perfectionner de la même manière, aussi libre et aussi facile, dans la belle écriture, l'orthographe, la grammaire et la rhétorique, ou l'éloquence.

Tout cela sera pour eux l'effet du charmant attrait des copies qu'ils feront de modèles burinés en belles lettres de main, d'extraits philosophiques et moraux de la Bible, que j'ai préparés et proposés depuis long-temps au gouvernement à faire faire, pour servir à la fois à tout citoyen d'école universelle et libre des sciences que je viens de nommer, et encore de la morale et de la religion, compagnes inséparables, biens souverains et gloire immortelle de l'homme.

Ce simple moyen, à la portée de chaque citoyen, remplit le vœu, formé en vain depuis vingt ans par l'Académie française, et depuis elle par l'Institut national, d'un livre élémentaire de morale à la portée de tous les âges, puisque la source où j'ai puisé mon ouvrage, est le testament de tous les âges, des motifs éternels du bonheur et de l'espérance du genre humain. En vain donc on a tâché de produire aujourd'hui un tel livre, et de le faire composer par un seul génie ; d'ailleurs le style oriental et antique de la Bible met tous ses préceptes en images et ses leçons en tableaux ; imitation même impossible à notre génie.

Des estampes accompagneront ces scènes pathétiques de la *piété humaine pour les graver* dans l'ame par tous les moyens : au bas seront des inscriptions du principal sujet de leur action, tirée du texte, que vous répéterez souvent par cœur avec vos enfans, afin de les rendre acteurs de la vertu et de la religion. Au plus de sens communiquent à l'ame une idée, au plus elle lui devient naturelle.

A r t. X I I I.

Exercices.

Au lieu de gymnase public, et sur-tout si vous êtes à la campagne, séjour nécessaire de tous les propriétaires, et que vous n'ayez pas, comme Miss Cleveland au bout de sa caverne, un milord Axmister pour dresser vos fils dans ces arts qui développent le courage et la grâce, (lesquels ne sont pas pour cette raison indifférens à votre sexe même, naturellement timide, mais qui s'embellit si fort par une certaine hardiesse qui le rapproche de nous en vous donnant le caractère d'héroïnes, quelquefois si nécessaire) ; je vais y suppléer en vous fournissant de maîtres mécaniques pour la danse, le saut, la lutte, l'escrime, l'équitation, l'exercice militaire et la natation.

Ce seront des modèles peints de tous les développemens de ces arts et de plus en automates. Ce dernier moyen sera d'autant plus propre à donner des idées nettes et vives de ces exercices, que vos enfans seront sur-tout eux-mêmes les moteurs de leurs modèles.

A R T. X I V.

Botanique.

De vaillans et agréables athlétes, dont les talens sont les tours de force du corps, vous allez, bonnes mères, faire des savans de vos enfans, ce qui est les tours de force de l'esprit, et c'est encore par eux-mêmes que cet autre grand œuvre s'opérera, sans que vous vous donniez pour cela plus de peine que pour leurs précédens exercices.

Pour introduire vos jeunes amis dans le vestibule des sciences, dont il leur importe d'abord de connoître les premiers objets, vous n'avez qu'à les envoyer, en promenant ou en chassant, sur les montagnes pour leur faire apprendre les vrais élémens de la première science d'observation, la botanique.

Ils apporteront toujours quelques nouvelles plantes de leurs courses qu'ils se feront nommer par les paysans. Ils compareront ensuite leurs

noms vulgaires dans les Flores de leur département
avec ceux des savans.

Cette herborisation facile et agréable, à
laquelle ils joindront la dissication si flatteuse,
gravera dans leur cerveau les différentes formes
des parties de plantes, pour comprendre plus
aisément dans la suite leurs savantes descriptions
et leur classification dans les livres de botanique.
Un petit jardin de celles qu'il leur plaira le plus
d'élever, pourra étendre leur goût ; c'est ainsi que
se forma d'abord celui de Linnée, encore enfant,
qui le porta jusqu'à l'amour du grand jardin de
l'univers.

A R T.   X V.

Zoologie économique.

Une petite ménagerie d'animaux les plus utiles,
jettera dans leur ame le goût de l'innocente
économie pastorale, et fera naître peut-être en
eux les génies de Büffon, de Rosier ou de
Wich - d'Azir ; d'autant mieux que ces grands
hommes seront eux - mêmes les directeurs des
soins que vous leur aurez donné. Mes enfans
vivent ainsi de la seule et simple lecture de la
nouvelle Maison rustique.

Par tous ces exercices où ces amusemens je
crois avoir approché mon plan de celui de la
nature et de la vertu. Par ma Méthode double-
ment active de l'esprit et du corps, j'ai eu
pour but celui de la vraie éducation, de rendre
sains l'un et l'autre ; objet d'un discours qui
vient d'être proposé par l'Académie de Grenoble
pour cette année, et que je serois heureux d'avoir
rempli, à savoir *quels sont les moyens de perfectionner l'éducation physique et morale des*

enfans. Mon plan, en concourant à rendre les mères et leurs filles plus intéressantes, répond en même-temps à cette autre question de l'Académie de Toulouse : *Quel est le moyen de rendre les femmes plus aimables dans la société des hommes ?*

A R T. X V I.

Anatomie Hygienne et Médecine préservative.

C'est ici le cas de faire passer vos enfans de la connoissance de l'éducation et de la conservation des animaux utiles, au soin de la santé de leurs propres corps ; ce qui est l'affaire d'un chacun, puisque ce n'est que par son défaut qu'on est exposé à mille incommodités, et même à mille maux funestes, dont il importe de prévenir les unes en observant les règles de l'hygienne, ou d'arrêter les autres dès leur commencement par les précautions de la medécine préservative, malheureusement si ignorée de tout le monde et écartée par le sordide intérêt de gens de l'art.

Pour montrer l'importance de ces deux soutiens de la santé, une connoissance générale du corps humain est nécessaire par l'anatomie. Sans exposer au rebut de cette science par l'inspection des objets même de la nature, on peut en avoir des préparations artificielles qui subsistent toujours et font plus d'effet que des gravures, pour donner une juste idée des parties du corps humain, qu'il semble en apparence que l'on méprise parce qu'on ne les connoît pas, ni l'harmonie nécessaire de leur mécanisme.

Quelques règles d'hygienne et une petite pharmacie domestique, à faire manipuler par les enfans, soit pour les cas de besoin de leur maison, ou des pauvres infirmes, les accoutumera à faire cas de cette partie du devoir de chacun envers soi-même, qui influe si fort sur le bonheur individuel, et par relation avec la santé parfaite de l'ame si fort dépendante de celle du corps.

ART. XVII.

Physique expérimentale.

De la connoissance particulière du corps, vous ferez passer, tendres mères, vos enfans à celle des lois de la nature, qui les meuvent et les vivifient. Ce rapport est trop nécessaire pour l'oublier dans une instruction éclairée. C'est à faute de connoître seulement les propriétés essentielles de l'eau pour notre santé, que tant de monde se porte dans l'excès du vin, ou même dans son usage continuel qui ne peut être que nuisible quand on se porte bien, ainsi que dans la plus grande partie des incommodités, comme dans toutes les maladies.

Vous livrerez donc graduellement à vos enfans les machines de la physique expérimentale de Nollet, à mesure qu'ils vous les demanderont dans le cours de la lecture de son ouvrage. Par l'habitude déjà contractée de leur esprit à l'application ils se feront un jeu de ces expériences et de leur démonstration littéraire.

ART. XVIII.

Constructions mathématiques.

Après ce cours expérimental des lois de l'univers, vous mettrez entre leurs mains des croquis de toutes les *constructions mathématiques*, avec le livre de ce nom, qui explique tant de machines inventées par l'esprit humain d'après les lois de la nature, pour subvenir à tous nos besoins. Heureux qu'ils profitent de toutes celles qui ont été imaginées! Je ne m'embarrasse point pédantesquement, dans cet âge où l'on est pressé d'acquérir des connoissances préliminaires, de les arrêter, comme les doctes instituteurs, sur les corollaires des principes de la mécanique : un jour viendra, si leur génie et leur état les porte à les approfondir, qu'ils seront plus à même par leur éducation, préparatoire de toute instruction, à les étudier avec succès.

Mais ce spectacle des constructions mathématiques, si bien et justement nommées ainsi à l'égard de toute leur pratique, sera pour eux celui d'une nouvelle création, celle du génie humain. Quelquefois vous y prendrez la plus délicieuse part, ô heureuses mères! soit par des applications qu'ils en feront pour l'avantage de vos maisons, ou par des nouvelles inventions qu'il suggérera à leur génie pour le bien de l'humanité.

A r t. X I X.

Des livres élémentaires.

Avec quelle ouverture d'esprit, au moyen de la méthode sensible et aisée d'instruction que vos enfans auront suivie jusqu'ici, ne les verrez-vous point quitter, à l'âge de quinze ou seize ans, ces jeux de leur enfance, pour entrer dans la carrière studieuse des livres élémentaires qui ne feront que leur marquer les principes des arts

et

et des sciences dont ils auront déjà expérimenté eux-mêmes les effets. Ils feront pour cette raison leurs délices, sur-tout étant écrits avec la précision et la grâce qu'on y met aujourd'hui ; ce qui dispenseroit absolument des maîtres et de ma méthode même, si celle-ci ne s'adressoit primordialement aux sens, nos premiers instituteurs naturels.

N'étant embarrassé que du choix du meilleur de ces livres élémentaires en chaque genre d'art et de science, j'espère que le Gouvernement voudra bien en ordonner un catalogue raisonné à l'Institut, afin de compléter ma Méthode mécanique d'éducation nationale.

L'Institut poussera même son zèle, je me persuade, *dans ce petit ouvrage primordial* de la générale instruction publique, jusqu'à indiquer tous les livres élémentaires qui peuvent s'aider mutuellement et graduellement dans quelque partie de leur classe ; et qu'il voudra bien indiquer encore dans le même ordre ceux qui développent entièrement chaque art et chaque science. Ces deux parties du catalogue seroient les vrais guides des deux âges de l'homme, sans cela si misérable, puisqu'il erre toujours ou dans l'ignorance ou dans des fausses études qui sont quelquefois pires. Ce seroit là le livre des livres pour le savoir et la vertu, et ainsi le plus honorable pour l'Institut, dont la vraie gloire ne peut consister que dans la nation par lui éclairée.

Je me chargerai de la fondation de ma Méthode par les ordres du Gouvernement et sous ses auspices, s'il daigne l'agréer, ainsi que je l'en ai déjà supplié, et que je m'en flatte, puisqu'elle met l'instruction publique générale de tous les citoyens hors de la dépendance des maîtres, et qu'elle dispense l'État de soudoyer ceux-ci pour faire beaucoup moins de bien encore.

J'aurai la satisfaction alors de n'être pas moins utile à l'état que lui a été un de mes cousins, et mon intime ami, le citoyen Durand Dubraye, en sauvant d'une insurrection sa parente la digne moitié de l'auguste chef de la nation et encore madame sa belle-fille sa sœur, puisque je sauverai la nation même entière, l'épouse adoptrice de Bonaparte, d'une manière la plus prompte, la plus sûre et la plus efficace, des malheurs de l'ignorance.

RÉSUMÉ.

Ma méthode est préférable à toutes les autres méthodes, puisque Jean-Jacques s'exprime ainsi à l'égard de la sienne qui exige un gouverneur excellent pour chaque élève ; méthode idéalement la meilleure, mais à laquelle la mienne supplée réellement par tous ses moyens mécaniques, d'après les propres paroles de Rousseau qui semblent la désigner. (Ayant déclaré sur-tout dans sa préface d'Emile, que celle qu'il emploie dans ce roman peut être chimérique et fausse, quoique ses principes soient essentiellement vrais). Toute-fois voici comment il parle aux gouverneurs qu'il imagine : » On est en droit de vous supposer » les lumières nécessaires pour exercer le métier » que vous avez choisi ; on doit présumer que » vous connoissez la marche du cœur humain, » que vous savez étudier l'homme et l'individu ; » que vous savez d'avance à quoi se pliera la » volonté de votre élève, à l'occasion de tous les » objets intéressans pour son âge que vous ferez » passer sous ses yeux. Or, avoir les instrumens

» et bien savoir leur usage, n'est-ce pas être
» maître de l'opération ? »

Quelle proposition, dans un siècle où il y a
tant de lumières, mais si peu d'éducation,
ressembla-t-elle plus à l'ironie ! mais quel plan
au contraire plus conforme à la vérité et à la
nature que le mien, auquel on puisse mieux
appliquer le dernier trait de cette peinture du
génie de l'éducation ; *or avoir les instrumens
et bien savoir leur usage, n'est-ce pas être maître
de l'opération ?*

Ouï, Jean-Jacques a été le prophète de ma
Méthode mécanique, comme m'en a flatté
Gerardin son hôte immortel, lorsqu'il a dit dans
ses réflexions sur la réforme de la Pologne :
» *Empêchez les vices de naître, le moyen en est*
de la dernière facilité dans la bonne éducation :
c'est de tenir toujours les enfans en haleine, non
par d'ennuyeuses études, où ils n'entendent rien,
et qu'ils prennent en haine, par cela seul qu'ils
sont forcés de rester en place ; mais par des
exercices qui leur plaisent en satisfaisant au besoin
qu'en croissant à leurs corps de s'agiter, et
dont l'agrément pour eux ne se bornera pas là.
Par où émouvoir les cœurs et faire aimer la
patrie et ses lois ? l'oserai-je dire ? *par des jeux
d'enfans*, par des institutions oiseuses aux yeux des
hommes superficiels, mais qui forment des
habitudes chéries et des attachemens invincibles.
Si j'extravague ici, c'est du moins bien complè-
tement, ajoute le grand homme, car j'avoue
que je vois ma folie sous les traits de la raison ».

Si la modestie ne m'empêchoit d'appliquer à
ma Méthode mécanique, l'éloge que Mirabeau
donna à celle seulement pittoresque de Bazedow,
dans son Histoire de la monarchie prussienne,

quoique sans doute tel fut son propre sentiment, lorsqu'après avoir lu mon plan, il m'invita à venir passer une demi-journée avec lui pour en conférer, huit jours avant son départ de la Provence pour les États-Généraux, et malgré ses immenses affaires ; je serois tenté, dis-je, d'y faire cette application, par la considération des termes frappans de cet éloge : » Rousseau avoit écrit son livre, le plus parfait qui soit sorti de la main des hommes, et dont la publication place incontestablement son auteur au rang des premiers bienfaiteurs de l'humanité. Cet ouvrage sublime fut en Allemagne un flambeau pour l'ame d'un homme orné de diverses connoissances, doué d'un esprit ardent et profond, brûlant du désir d'être utile. Il répandit sur *l'instruction et l'éducation* de vives lumières : *il montra qu'il ne falloit pas se contenter d'enseigner des mots aux enfans, qu'on pouvoit mettre des choses à leur place* ».

Je continue cette citation, parce que, par son énergie, elle rassemble un résumé de ma Méthode même, et par son génie un heureux pronostic de son sort.

» Il prouva qu'on avoit besoin de livres élémentaires dans tous les genres. Il en écrivit un accompagné de cent planches, propre à donner aux enfans quelques idées nettes des rapports naturels des relations morales, de la physique, des mécaniques, de la géographie, de l'histoire, etc. Son introduction contient d'excellens principes sur la méthode d'étudier. Il a fait révolution, et les planches sont utiles à qui sait les employer.

» A ces travaux théoriques, Mr. Bazedow, c'est le nom de l'homme recommandable dont

nous parlons, voulut joindre une maison d'éducation qui devoit servir de modèle et de sémi-
naire pour former des instituteurs, soit particuliers,
soit publics. Il la nomma *Philantropin* , et
s'adressa au public afin de rassembler trente
mille écus d'Allemagne, qu'il regardoit comme
nécessaires pour la fonder. Le prince de Desseau
offrit un grand nombre de facilités pour établir
cet institut dans sa ville ; mais il ne pouvoit pas
le fonder seul. Aucun prince plus puissant ne
fut assez libéral pour aider à cet établissement
ou pour le fonder ; aucun ne soupçonna que
c'étoit là un moyen aussi sûr de s'illustrer que
d'acheter deux ou trois tableaux, ou même
d'engager pour quelques années un castrat merveilleux. *La plupart des souverains* , ayant chez
eux dés établissemens de cette nature auquel ils
ne vouloient pas nuire, répugnoient à y recevoir
un tel institut. Donner trente mille écus pour le
fonder dans une ville étrangère , c'étoit envoyer
l'argent hors du pays , et l'idée seule en effraie
nos grands hommes en finance!..... Enfin ,
l'Allemagne entière ne peut pas fournir trente
mille écus au philosophe qui ne veut qu'élever
des hommes, des citoyens utiles !

» Un des plus grands avantages de la méthode
de Bazedow, fut de faire sentir la nécessité de
la gymnastique ; elle étoit entièrement négligée
dans l'éducation : on tenoit, dès l'âge de sept ans,
les enfans enchaînés huit à dix heures par jour
sur les livres. Bazedow , instruit par le grand
Rousseau , montra qu'il falloit former le corps
aussi bien que l'esprit , et même avant l'esprit.
Ce fut une des bases de son institut, d'où ce
principe a passé dans une infinité d'autres, et

dans le sein d'un grand nombre de familles qui ont profité des lumières publiques.

» C'est à lui qu'on doit encore, du moins en Allemagne, d'avoir appris qu'il ne falloit ni gronder beaucoup les enfans, pour qui le langage de la raison est presque toujours, ou long-temps du moins, un jargon inintelligible; ni les gêner, ni s'occuper autant de les punir que de les surveiller; qu'il suffisoit de les entourer de manière à prévenir les écarts qui exigeroient des coups d'autorité.

» En un mot, c'est à tous égards que cette nouvelle méthode d'éducation a la plus grande supériorité sur l'ancienne. Son but est de former de citoyens réellement instruits, et délivrés des préjugés dont on ne meuble que trop l'esprit de la jeunesse; des hommes, en un mot, ayant un esprit sein dans un corps robuste. Voilà ce que l'ancienne éducation négligeoit, et ce que sont incontestablement toutes les maisons d'éducation établies sur les nouveaux principes : car il en est maintenant plusieurs, et toutes sont des instituts particuliers qui n'ont ni la sanction du gouvernement, ni des salaires, ni des fonds concédés par lui, et dont il ne nomme pas les membres.

» Au reste, l'impulsion que M.ʳ Bazedow a donnée à l'éducation en Allemagne, influe même sur les instituts anciens. Parmi les stipendiés du gouvernement, les bons esprits ont saisi ceux des principes utiles qu'il a développés et qu'il a été possible d'adapter à leurs établissemens. Les plus aveuglés par les préjugés de leur vie entière, et par l'orgueil de ne paroître pas apprendre ce qu'ils ignoroient, ont été entraînés par le torrent;

de sorte qu'il n'est peut-être pas un seul collége, dans l'Allemagne protestante, qui n'en ait éprouvé quelques bons effets. Il est sorti de ces maisons d'éducation un grand nombre de bons précepteurs qui se sont repandus dans les maisons particulières. On a écrit d'excellens ouvrages, soit sur l'éducation en général, soit élémentaires, pour faciliter l'art d'enseigner telle ou telle connoissance ; soit de lecture pour les enfans, afin de les instruire en les amusant, et de leur donner ainsi le goût de lire, qu'on ne gagnoit autrefois que dans les romans. Enfin, toutes les vues se sont tournées de ce côté : les gouvernemens commencent à en sentir l'importance ; ils s'occupent fortement de cet objet.

Histoire de la Monarch. Pruss., tom. V.

P O S T - S C R I P T.

Il y a une infinité d'autres idées, répandues dans plusieurs esquisses de cette Méthode mécanique, que j'ai publiées dans l'espace de vingt-cinq ans, toutes relatives à son utilité et à son invention : la satiété des redites ne m'a pas permis de les répéter dans ce plan ; mais je les rappellerai soigneusement dans son exécution, si elle a enfin lieu de la part du Gouvernement, d'après les vœux qu'en ont fait pour moi, et que m'ont communiqué de la manière la plus sincère, en leurs temps, Mirabeau, Bernardin de Saint-Pierre, Gerardin, Lamourette et madame de Staël.

J'ai, dans ma 2.ᵉ note, fait mention du Prospectus que j'ai publié *d'un Catéchisme et Bréviaire pour tous les cultes , dans la morale de l'Evangile et dans une distribution des Pseaumes selon nos différens besoins :* ce recueil offrira , après la pratique de deux institutions des quatre de mon *Alcoran*, mises à la portée de tout le monde dans cette Méthode mécanique d'éducation , celle de sa troisième institution , la religion ; ce qui comblera presqu'entièrement mes vœux à l'égard de ces quatre institutions fondamentales de la vraie sociabilité , projetées dans la vue de rendre la vérité populaire et le bonheur ou la vertu praticables en tout lieu pour un chacun, suivant l'épigraphe de cette *philosophie universelle* , à laquelle le Conseil cisalpin auroit pu ajouter la belle épithète de *populaire* , le plus haut point de la législation comme de la civilisation.

F I N.